MAURICE DRUON

TISTOU
LES POUCES VERTS

Rédacteur: Hanne Blaaberg

Illustrations: Jette Jørgensen

Les structures et le vocabulaire de ce livre sont fondés sur
une comparaison des ouvrages suivants :
Börje Schlyter : Centrala Ordförrådet i Franskan
Albert Raasch : Das VHS-Zertifikat für Französisch
Etudes Françaises – Echanges
Sten-Gunnar Hellström, Sven G. Johansson : On parle français
Ulla Brodow, Thérèse Durand : On y va

Rédacteurs de série :
Ulla Malmmose et Charlotte Bistrup

Dessin de la couverture :
Mette Plesner

Illustration de couverture :
Jette Jørgensen

Easy Readers   EGMONT

Imprimé au Danemark par
Sangill Grafisk Produktion, Holme Olstrup

MAURICE DRUON

Maurice Druon est né à Paris en 1918.

A l'âge de trente ans, il a reçu le Prix Goncourt. Puis il s'est lancé dans une grande série de romans historiques.

En 1966, il a été élu à l'Académie française, et il a été ministre des Affaires culturelles de 1972 à 1974.

Dans son oeuvre, qui peint la société sous des couleurs sombres et satiriques, *Tistou* est comme une petite fleur inattendue qu'il a dédiée aux enfants.

Tistou
les *Pouces* verts

Chapitre 1

Il existait un petit garçon que tout le monde appelait Tistou.

Un jour, on l'avait porté à l'église, où il avait reçu le nom de François-Baptiste. Tout de suite, les grandes personnes s'étaient mises à l'appeler Tistou. C'était comme si elles n'avaient plus pu former avec leur langue le nom qu'elles avaient donné à l'enfant.

Ceci montre simplement que les grandes personnes ne savent pas vraiment notre nom, ni d'où nous venons, ni pourquoi nous sommes au monde, ni ce que nous avons à y faire.

Les grandes personnes ont, sur toutes choses, des idées toutes faites. Mais les idées toutes faites sont généralement des idées mal faites.

Si nous sommes nés pour devenir un jour une grande personne comme les autres, les idées toutes faites *se logent* très facilement dans notre tête.

Mais si nous sommes venus sur la terre pour faire un travail *particulier*, qui demande de bien

---

le pouce, le premier doigt de la main et le plus gros
se loger, se mettre; prendre place
particulier, spécial; extraordinaire

regarder le monde, les choses ne vont plus si facilement. Les idées toutes faites ne veulent pas rester dans notre tête.

Nous causons ainsi des *surprises*, d'abord à 5 nos parents et ensuite à toutes les grandes personnes qui *tenaient* si fort *à* leurs idées toutes faites!

Et c'est justement ce qui est arrivé à ce petit garçon qu'on avait appelé Tistou.

Chapitre 2

10 Tistou avait des yeux bleus grands ouverts et des *joues* roses. On l'embrassait beaucoup.

Car les grandes personnes embrassent tout le temps les petits garçons aux joues roses. Elles disent que cela fait plaisir aux petits garçons; 15 c'est encore une de leurs idées toutes faites. C'est à elles, les grandes personnes, que cela fait plaisir.

Tous les gens qui voyaient Tistou disaient:
– Oh! le joli petit garçon!
20 Les parents de Tistou étaient l'un et l'autre très beaux, et Tistou avait pris l'habitude de penser qu'il était normal d'être beau.

---

une surprise, quelque chose qui surprend, qui étonne
tenir à, vouloir absolument; insister sur

des lunettes

une joue

des bijoux

un ongle

En plus, ses parents, qui s'appelaient Monsieur Père et Madame Mère, étaient très riches.

Ils habitaient une *magnifique* maison avec un superbe jardin.

Monsieur Père et Madame Mère aimaient tout ce qui *brille*: les cheveux noirs et les chaus-
5 sures de Monsieur Père, les *ongles* roses et les *bijoux* de Madame Mère. Il fallait presque porter des *lunettes* noires pour regarder les neuf voitures dans le garage.

A l'*écurie*, on avait neuf beaux chevaux. Tis-
10 tou aimait tous ces chevaux. La nuit, il *rêvait* qu'il dormait parmi eux. Le jour, il allait à tout moment leur rendre visite. De tous les animaux, le poney Gymnastique était son préféré; et cela se comprend puisque Tistou et le poney
15 étaient à peu près de même *taille*.

Ainsi, Tistou était un enfant très heureux.

---

magnifique, très beau; superbe
briller, donner une lumière vive
un ongle, des bijoux, des lunettes, voir illustration page 7
une écurie, une maison pour des chevaux
rêver, faire ou voir pendant qu'on dort
la taille, la grandeur; la hauteur

Chapitre 3

Mirepoil, ainsi s'appelait la ville où Tistou était né.

Mirepoil, à première vue, était une ville comme toutes les autres, avec église, *prison*, bureau de tabac, épicerie. Mais cette ville était 5 connue *dans le monde entier* parce que c'était à Mirepoil que Monsieur Père fabriquait des canons très demandés.

Les jours où Tistou n'avait pas faim, Madame Mère le conduisait à la fenêtre et lui montrait, 10 très loin, la grande usine de Monsieur Père.

Tistou devait compter les neuf *cheminées*, puis elle le *reconduisait* vers son assiette et lui disait:

– Mange, Tistou, car il te faut *grandir*. Un 15 jour tu vas être le *maître* de Mirepoil.

une *prison*, voir illustration page 22
dans le monde entier, partout dans le monde
une *cheminée*, voir illustration page 10
reconduire, accompagner; guider
grandir, devenir grand
un *maître*, un chef

9

une
cheminée

Chapitre 4

Jusqu'à l'âge de huit ans, Tistou a *ignoré* l'école. Madame Mère avait préféré commencer elle-même l'instruction de son fils.

Les résultats n'étaient pas mauvais. *Grâce à* de très jolies *images* achetées spécialement, la lettre A s'était installée dans la tête de Tistou sous forme d'un *Ane*; la lettre B sous forme d'un *Ballon*, etc. Pour le *calcul*, on se servait d'*hirondelles* posées sur les *fils* électriques. 5

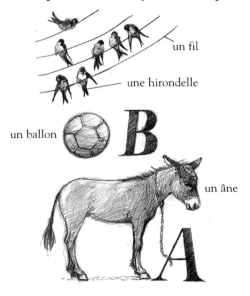

un fil

une hirondelle

un ballon

un âne

ignorer, ne pas connaître; ne pas savoir
grâce à, à l'aide de
une image, une illustration; un dessin; une photo
le calcul, l'action de faire des opérations arithmétiques

Lorque Tistou a *atteint* son huitième anniversaire, Madame Mère a pensé qu'il devait aller à l'école de Mirepoil.

Tout le monde attendait des *merveilles* de ce petit garçon, qui avait des parents si beaux et si riches, et qui savait déjà faire des calculs.

Hélas, hélas! A l'école Tistou *s'endormait*.

Il n'était ni bête ni *paresseux* ni fatigué non plus.

– Je ne veux pas dormir, je ne veux pas dormir, se disait Tistou.

Il essayait par tous les moyens de ne pas dormir. Rien à faire.

– Tistou! criait le *maître*. Répétez-moi ce que je viens de dire!

– Trois hirondelles et ...

– Zéro!

Le premier jour d'école, Tistou est rentré chez lui les poches pleines de zéros.

Le second jour, il a reçu deux heures de *retenue*, c'est-à-dire qu'il est resté deux heures de plus à dormir dans la classe.

Au soir du troisième jour, le maître a remis à Tistou une lettre pour son père.

atteindre, arriver à
une merveille, un miracle; un très bon résultat
s'endormir, commencer à dormir
paresseux, qui n'aime pas travailler
un maître, ici : un instituteur; un professeur
la retenue, l'action de garder un élève en classe

Dans cette lettre, Monsieur Père a lu ces mots:

»Monsieur, votre enfant n'est pas comme tout le monde. Il nous est impossible de le garder.«

L'école renvoyait Tistou à ses parents.

Chapitre 5

Ce matin-là, chacun dans la maison se disait:

– Pas comme tout le monde, un enfant si gentil... Que faire, que faire?

Et ceux qui se posaient la question avec le plus d'*inquiétude* étaient ses parents.

»Que faire, que faire?« pensaient-ils chacun de son côté.

Monsieur Père était un homme aux décisions rapides et énergiques. De plus, il aimait beaucoup son fils.

– C'est très simple; j'ai trouvé, a-t-il dit. Tistou n'apprend rien à l'école; eh bien! il n'ira plus dans aucune école. Nous allons essayer sur lui un nouveau système... puisqu'il n'est pas comme tout le monde! Il apprendra les choses qu'il doit savoir *en les regardant* directement.

---

l'inquiétude f., la peur; l'alarme
en les regardant, pendant qu'il les regarde

On lui expliquera comment fonctionnent la ville, l'usine et tout ce qui pourra l'aider à devenir une grande personne. La vie, c'est la meilleure école.

5   Madame Mère, avec enthousiasme, a *approuvé* la décision de Monsieur Père.

Pour Tistou, une nouvelle vie allait commencer.

Chapitre 6

Monsieur Père avait trouvé logique de com-
10   mencer le nouveau système dans le jardin. Une *leçon* de jardin, c'était une leçon de terre, et la terre est l'*origine* de tout.

Dans le jardin, le *jardinier* Moustache attendait son élève.

15   Le jardinier Moustache était un vieil homme peu *bavard*.

Tistou aimait bien le vieux jardinier, mais il avait un peu peur de lui.

– Bonjour, Monsieur Moustache, a dit Tis-
20   tou.

---

approuver qc, donner son accord à qc; accepter qc
une leçon, un cours; un enseignement donné par un professeur
l'origine f., la base; la source
un jardinier, une personne qui travaille dans un jardin
bavard, qui parle beaucoup

14

un pot à fleur

un tas de terreau

une graine

15

– Ah! te voila, a répondu le jardinier. Eh bien! on va voir ce que tu peux faire. Voici *un tas de terreau* et voici des *pots à fleur*. Tu vas remplir les pots de terreau, faire un trou au milieu avec ton pouce et mettre les pots en ligne le long du mur. Après nous mettrons les *graines* dans les trous.

Tistou a eu une bonne surprise: ce travail ne l'*endormait* pas. Au contraire, il l'aimait.

Pendant que Tistou continuait, Moustache faisait *lentement* le tour du jardin. Et Tistou a *découvert* ce jour-là pourquoi le vieux jardinier parlait si peu aux gens; c'est qu'il parlait aux fleurs.

Puis il s'est tourné vers Tistou et lui a crié de loin:

– Alors, c'est pour aujourd'hui ou c'est pour demain?

– Ça va, professeur; je n'ai plus que trois pots à remplir, a répondu Tistou.

Il a vite *terminé* et est allé trouver Moustache à l'autre bout du jardin.

– Voilà, j'ai fini.

– Bon, nous allons voir ça, a dit le jardinier.

un tas de terreau, un pot à fleur,
une graine, voir illustration page 15
endormir, faire dormir
lentement, le contraire de vite
découvrir, apprendre
terminer, finir

Ils sont revenus lentement, parce que Moustache continuait à parler aux fleurs. *Soudain*, ils se sont arrêtés.

– Voyons, voyons, je ne rêve pas, a dit Moustache. Tu vois bien la même chose que moi? 5

– Mais oui, Monsieur Moustache.

Le long des murs, tous les pots remplis par Tistou avaient *fleuri*, en cinq minutes! Dans chaque pot, il y avait de jolis bégonias.

– Il faut au moins deux mois pour faire des 10 bégonias comme cela! a dit Moustache.

Tistou a demandé:

– Mais puisqu'on n'avait pas mis de graines, Monsieur Moustache, d'où viennent ces fleurs?

– Mystère... mystère..., a répondu Mous- 15 tache.

Puis, brusquement, il a pris entre ses mains les petites mains de Tistou.

– Montre-moi donc tes pouces!

Il a *examiné* les doigts de son élève avec 20 attention.

– Mon garçon, il t'arrive une chose extraordinaire. Tu as les pouces verts.

– Verts? a demandé Tistou. Moi, je les vois roses, et même plutôt sales pour le moment. Ils 25 ne sont pas verts.

---

soudain, brusquement; subitement; tout d'un coup
fleurir, produire, faire des fleurs
examiner, étudier

— Bien sûr, tu ne peux pas le voir. C'est ce qu'on appelle un talent caché. Seul un spécialiste peut le découvrir. Je suis spécialiste et je te dis que tu as les pouces verts.

5 — A quoi ça sert, les pouces verts?

— Ah! c'est une qualité merveilleuse, a répondu le jardinier. Vois-tu, il y a des graines partout. Non seulement dans la terre, mais aussi sur les murs. Des milliers, des milliards de
10 graines. Elles sont là, elles attendent qu'un coup de vent les pousse vers un champ ou un jardin. Souvent elles *meurent*, sans avoir pu se changer en fleurs. Mais si un pouce vert se pose sur une de ces graines, la fleur pousse. Voilà, tes
15 pouces ont découvert dans la terre des graines de bégonias, et tu vois le résultat.

— On va encore dire que je ne suis pas comme tout le monde, a dit Tistou.

— Ne dis rien à personne, a répondu Mous-
20 tache. Les talents cachés *risquent* toujours *de* nous causer des *ennuis*. Tu as les pouces verts. Eh bien! garde-le pour toi. C'est un *secret* entre nous.

---

mourir, ne pas vivre; finir
risquer de, pouvoir éventuellement
un ennui, un souci; une difficulté
un secret, quelque chose qui doit être caché des autres

un carnet

Sur le *carnet*, remis par Monsieur Père, le jardinier Moustache a écrit simplement:

»Ce garçon présente des talents pour le *jardinage*.«

le jardinage, le travail dans les jardins

Chapitre 7

Monsieur Trounadisse était *l'homme de confiance* de Monsieur Père et un homme d'*ordre*.

Monsieur Père a pensé à lui pour donner la deuxième leçon à Tistou.

5 – Aujourd'hui, leçon de ville et leçon d'ordre! a crié Monsieur Trounadisse.

Tistou s'est mis en route à côté de Monsieur Trounadisse.

– Une ville, a commencé Monsieur Trouna-
10 disse, qui avait bien préparé la leçon, *se compose*, comme vous pouvez le voir, de rues, de monuments, de maisons et de gens qui habitent dans ces maisons. *A votre avis*, qu'est-ce qui est le plus important dans une ville?

15 – Le jardin des plantes, a répondu Tistou.

– Non, le plus important, dans une ville, c'est l'ordre. Sans ordre, une ville, un pays, ne peuvent exister.

»Certainement, Monsieur Trounadisse doit
20 avoir raison, a pensé Tistou. Mais pourquoi crie-t-il si fort? Faut-il faire tant de bruit, à cause de l'ordre?«

---

un *homme de confiance*, un homme sur qui on compte
l'ordre, la bonne organisation; le bon fonctionnement
se composer, se faire; se former
à votre avis, selon vous

– Qu'est-ce que l'ordre? a demandé Monsieur Trounadisse.

– L'ordre? C'est quand on est content, a dit Tistou. J'ai remarqué que mon poney Gymnastique, par exemple, lorqu'il est bien propre, est 5 plus content que lorsqu'il est sale. Ce n'est pas de l'ordre, ça?

Monsieur Trounadisse ne paraissait pas content.

– Et que fait-on des gens qui *sèment* le *désor-* 10 *dre*? a-t-il demandé.

– Ils doivent être *punis*, sûrement, a répondu Tistou, qui pensait que »semer le désordre« c'était un peu comme »semer ses *jouets*« dans le jardin. 15

des jouets

– On les met en prison, ici.

Monsieur Trounadisse a montré à Tistou de

---

semer, jeter; distribuer
le désordre, le contraire d'ordre
punir, sanctionner; condamner

21

hauts murs gris, sans une fenêtre. Sur tous les murs il y avait des *piquants*.

— C'est ça, la prison? a dit Tistou.

— C'est cela, a dit Monsieur Trounadisse.

5   — Pourquoi a-t-on mis ces piquants partout? a demandé Tistou.

un
piquant

une prison

– Pour *empêcher* les *prisonniers* de *s'évader*.

– C'est normal qu'ils ont envie de s'en aller, a dit Tistou. Cette prison est si *laide*.

– Un prisonnier est un homme *méchant*.

– On le met donc là pour le *guérir* de sa 5 méchanceté?

– On le met là pour l'empêcher de faire du mal aux autres hommes, a répondu Monsieur Trounadisse.

– Il guérirait sûrement plus vite si la prison 10 était moins laide, a dit encore Tistou.

Sur le carnet de Tistou, Monsieur Trounadisse a écrit:

»Cet enfant se pose trop de questions.«

un barreau

un prisonnier

---

empêcher, rendre impossible; arrêter
s'évader, fuir; partir sans permission
laid, le contraire de beau
méchant, qui fait du mal; mauvais
guérir qn de qc, sauver qn de qc; faire disparaître qc à qn; rendre la santé à qn

Chapitre 8

La nuit, Tistou continuait de se poser des questions. Il ne pouvait pas s'endormir. Il pensait à la prison et aux pauvres prisonniers.

Et soudain, il a eu une idée.

5 »Et si on leur faisait pousser des fleurs, à ces gens-là? Si j'essayais mes pouces verts? J'*en* parlerai à Monsieur Trounadisse... Mais il ne sera peut-être pas content.«

Et il s'est rappelé ce qu'a dit Moustache: ne

10 pas parler de ses pouces verts.

»Je dois le faire tout seul.«

Il est sorti de son lit, et doucement il est descendu dans la rue. Quelques minutes plus tard, il est arrivé jusqu'à la prison.

15 Il n'était pas bien tranquille, on le comprend. C'était son premier essai.

»Pourvu que mes pouces verts fonctionnent bien!«

Tistou a mis ses pouces partout où il a pu.

20 Après il est rentré chez lui, et cette fois il s'est endormi sans difficulté.

Le matin, Tistou avait une question sur le bout de la langue, mais il n'osait pas la poser. Mais il n'a pas eu longtemps à attendre.

25 Car la prison... Ah! là, là! Les Miropoilus

---

en, de cela

24

(ainsi s'appellent les *habitants* de Mirepoil) ont été très surpris de découvrir leur prison changée en château de fleurs.

Avant midi, ils étaient tous devant le grand mur, qui était couvert de roses. Personne ne 5 pouvait s'expliquer ce miracle, personne... sauf le jardinier Moustache, qui est venu voir, lui aussi, et est parti sans rien dire.

Mais l'après-midi, lorsque Tistou s'est avancé vers lui pour prendre sa deuxième leçon de 10 jardin, Moustache lui a dit:

– Ah! te voilà, toi! Pas mal, pas mal, le coup de la prison. Pour un début, c'est un joli début.

– Mais c'est grâce à vous, Monsieur Moustache, c'est vous qui m'avez appris que j'ai les 15 pouces verts, a dit Tistou.

– C'est bon, c'est bon, a répondu Moustache. Mais tu as mis trop de *chèvrefeuille*. La prochaine fois, pense au *volubilis*.

Ainsi Moustache est devenu le *conseiller* 20 secret de Tistou.

une chèvrefeuille

un volubilis

un habitant, une personne qui habite un lieu
un conseiller, une personne qui donne des conseils, des recommandations

Chapitre 9

Le mystère de la prison de Mirepoil faisait venir beaucoup de monde: des journalistes, des photographes et des *savants* qu'on appelle botanistes et qui s'occupent de couper les fleurs en quatre, de leur donner des noms difficiles, de les faire sécher et de voir en combien de temps elles perdent leurs couleurs.

– Et si l'on découvre que c'est moi! a dit Tistou à Moustache.

– Ne *t'inquiète* pas, a répondu le jardinier; ce sont des gens qui ne savent même pas faire un bouquet. Ils ne découvriront rien.

Au bout d'une semaine, les savants n'étaient pas plus avancés. Puis ils s'en sont allés dans un autre pays, et Tistou a retrouvé la tranquillité.

Et les prisonniers, dans tout cela? Comme ils ne voyaient plus de *barreaux* ni de piquants aux murs, ils ont oublié de s'évader. Les méchants ont perdu l'habitude de se battre. Le chèvrefeuille qui poussait dans les *serrures* empêchait de fermer les portes; les *libérés* sont restés pour faire du jardinage.

---

un savant, un scientifique; un spécialiste; un chercheur
s'inquiéter, se faire du souci; avoir peur
un barreaux, voir illustration page 23
un libéré, une personne qui a été mise en liberté, qui n'est plus en prison

une serrure

Qui *se réjouissait* le plus? C'était Tistou.

Mais le secret est fatigant à garder.

Lorsqu'on est heureux, on a envie de le dire et même de le crier. Mais Moustache n'avait pas toujours le temps. Ainsi Tistou a pris 5 l'habitude de parler au poney Gymnastique.

— Gymnastique, écoute-moi bien et ne le répète à personne, lui a dit Tistou un matin. J'ai découvert quelque chose d'extraordinaire! Les fleurs empêchent le mal de passer. 10

| *se réjouir*, être content

27

Chapitre 10

– Je crois qu'il faut maintenant montrer à Tistou un peu de ce qu'est la *misère*, disait Monsieur Père. Monsieur Trounadisse lui avait donné une très belle leçon d'ordre; il pourra aussi
5 lui donner la leçon de misère.

C'est ainsi que Tistou a appris dès *le lendemain* que la misère vivait dans des *taudis*.

Monsieur Trounadisse a expliqué que les taudis se trouvaient au bord de la ville.

10 – Cette zone des taudis est un *fléau*, a-t-il dit.

– Qu'est-ce que c'est qu'un fléau? a demandé Tistou.

– Un fléau est un mal qui frappe beaucoup de gens, un très grand mal.

15 Ce qui attendait Tistou était pire à voir qu'une prison.

Pendant la promenade avec Monsieur Trounadisse, les pouces de Tistou touchaient toutes les *laideurs* qu'il rencontrait.

20 – Mais pourquoi tous ces gens-là habitent-ils dans des *cabanes à lapins*? a-t-il soudain demandé.

la misère, la grande pauvreté
le lendemain, le jour après
un taudis, une maison misérable, très pauvre
un fléau, une chose très mauvaise qui peut causer du mal
une laideur, une chose laide

une cabane à lapins

— Parce qu'ils n'ont pas d'autre maison, naturellement; c'est une question *stupide*, a répondu Monsieur Trounadisse.

— Et pourquoi n'ont-ils pas de maison?

— Parce qu'ils n'ont pas de travail. 5

— Pourquoi n'ont-ils pas de travail?

— Parce qu'ils n'ont pas de chance.

— Alors, ils n'ont rien du tout?

— C'est cela, Tistou, la misère.

»Demain, au moins, ils auront quelques 10 fleurs«, s'est dit Tistou.

Il a vu un homme battre une femme.

— Est-ce que la misère rend méchant? a demandé Tistou.

— Souvent, a répondu Monsieur Trounadisse. 15 Mais arrêtez de poser vos mains sur ces saletés! Qu'est-ce que c'est que cette manie de toucher à tout? Mettez donc vos *gants*.

un gant

| *stupide*, bête; idiot

29

— Je les ai oubliés, a dit Tistou.

— Revenons à notre leçon. Que faut-il pour *lutter* contre la misère?... Il faut... de l'o... de l'o...

5 — Ah! oui, a répondu Tistou, il faut peut-être *de l'or.*

— Non, il faut de l'ordre!

— Votre ordre, Monsieur Trounadisse, êtes-vous sûr qu'il existe? Moi, je ne crois pas.

10 Les oreilles de Monsieur Trounadisse sont devenues si rouges qu'elles ressemblaient à des tomates.

— Parce que si l'ordre existait, a dit Tistou, il n'y aurait pas de misère.

15 Ce jour-là, Monsieur Trounadisse a écrit dans le carnet: «L'enfant n'a pas *le sens* des réalités.«

Mais le lendemain... Les taudis étaient couverts de fleurs, surtout de volubilis. Les 20 conseils de Moustache avaient été suivis.

Le quartier était maintenant le plus beau de la ville. On est allé le visiter comme un musée.

Les habitants ont décidé de faire payer l'entrée. Il fallait des guides, des vendeurs de 25 cartes postales, des photographes.

---

lutter, se battre
de l'or m., du métal jaune, très cher
le sens, l'instinct; la sensation

Pour employer l'argent, on a décidé de *bâtir* de beaux appartements. Et comme il fallait beaucoup de monde pour le construire, tous les sans-travail ont reçu du travail.

Moustache a *félicité* Tistou.   5

– Très fort, très bien, l'affaire des taudis. Mais ton quartier manque un peu de parfum. La prochaine fois, pense au jasmin.

bâtir, construire; faire
féliciter, complimenter

Chapitre 11

Depuis quelques jours, le mot guerre était sur toutes les *lèvres* à Mirepoil.

Tistou est donc allé voir Moustache pour savoir ce que c'est que la guerre.

5   — Monsieur Moustache, la guerre, qu'est-ce que vous en pensez?

— Je suis contre, a répondu le jardinier.

— Pourquoi êtes-vous contre?

— Parce que... parce qu'une petite guerre

10 peut *détruire* un très grand jardin.

— Vraiment?

— Oui, j'ai vu mourir en deux minutes un jardin plein de fleurs.

— Et à qui était-il, ce jardin?

15   — A moi, a répondu Moustache. Mais dans une guerre, tout le monde perd quelque chose: un bras, une jambe ou quelqu'un de sa famille.

Tistou a pensé que la guerre était un très grand désordre, puisque chacun y perdait quel-

20 que chose.

une lèvre

détruire, ruiner; faire disparaître; casser
y, ici: à la guerre

»Que peut-on faire pour l'empêcher de passer? se demandait-il. Monsieur Trounadisse est sûrement contre la guerre, puisqu'il n'aime pas le désordre. Demain, je lui en parlerai.«

Chapitre 12

Monsieur Trounadisse était assis derrière son 5 bureau. Il criait dans trois téléphones *à la fois*.

— C'est toujours ainsi, lorsqu'une guerre *éclate*, a-t-il dit à Tistou. A Mirepoil nous avons le double de travail.

— Alors, je reviendrai quand vous aurez 10 moins à faire, a dit Tistou.

— Que voulais-tu me demander?

— Je voulais savoir où cette guerre a éclaté.

Monsieur Trounadisse s'est levé, a *mené* Tistou devant une *mappemonde* qu'il a fait tour- 15 ner, et a posé son doigt au milieu.

une mappemonde

à la fois, en même temps
éclater, commencer; se déclarer
mener, conduire; accompagner

– Tu vois ce *désert*? a-t-il dit. Eh bien, c'est là.

– Pourquoi là, Monsieur Trounadisse?

– C'est très facile à comprendre. Ce désert
5 n'est à personne. A droite se trouve la nation
des Vazys, et à gauche la nation des Vatens. Il
y a quelque temps les Vazys ont *annoncé* qu'ils
voulaient ce désert; les Vatens ont répondu
qu'ils le voulaient aussi.

10 – Qu'y a-t-il donc dans ce désert? Des jardins? a demandé Tistou.

– Mais non, puisque c'est un désert! Il n'y a
rien du tout. Il y a des pierres…

– Alors ces gens vont se battre pour des
15 pierres?

– Ils veulent avoir ce qui est sous le désert.

– Sous le désert? Qu'est-ce qu'il y a?

– Du *pétrole*.

– Pourquoi le veulent-ils, ce pétrole?

20 – Ils le veulent parce que le pétrole es
nécessaire pour faire la guerre.

du pétrole

un désert, une région très peu habitée
annoncer, dire; déclarer

34

Tistou a fermé les yeux pour mieux *réfléchir*.

»Si je comprends bien, les Vazys et les Vatens vont se faire la guerre à cause du pétrole parce que le pétrole est nécessaire à la guerre.« Il a *rouvert* les yeux. 5

– Et bien, c'est idiot, a-t-il dit.

– Tistou, est-ce que vous voulez un zéro?

– Non, mais je voudrais surtout que les Vazys et les Vatens ne se battent pas.

– Bien sûr, bien sûr, a dit Monsieur Trouna- 10 disse.

– Est-ce loin ce désert? a demandé Tistou.

– Oui, très loin.

– Alors la guerre ne peut pas arriver jusqu'à Mirepoil? 15

– Ce n'est pas impossible. On sait où une guerre commence, on ne sait jamais où elle s'arrête.

– Pour qui êtes-vous dans cette guerre, Monsieur Trounadisse, a demandé Tistou. 20

– Pour les Vazys.

– Et mon père?

– Aussi.

– Pourquoi?

– Parce que ce sont depuis longtemps nos 25 amis.

---

réfléchir, penser
rouvrir, ouvrir de nouveau

– Alors l'usine leur envoie des canons? a demandé Tistou, qui trouvait qu'il est juste d'aider ses amis.

– Oui, mais les Vatens en reçoivent aussi.

5 – Comment?

– Parce qu'ils sont aussi de bons clients.

Ainsi un canon de Mirepoil allait tirer contre un autre canon de Mirepoil!

– C'est cela le *commerce*, a ajouté Monsieur
10 Trounadisse.

– Eh bien, je le trouve *affreux*, votre com- merce, parce que...

Une énorme *gifle* l'a arrêté.

Tistou regardait Monsieur Trounadisse, les
15 yeux pleins de *larmes*, et c'est ainsi que sa grande idée lui est venue.

une larme

La leçon s'est terminée là. Tistou a reçu un double zéro, et Monsieur Trounadisse l'a tout de suite dit à Monsieur Père.

le commerce, les opérations d'achat et de vente
affreux, horrible; méchant
une gifle, un coup donné sur la joue de qn

— Il faut que je lui parle, a dit Monsieur Père. Où est-il?

— Il est parti chez le jardinier, comme d'habitude, a répondu Monsieur Trounadisse.

— Bon, nous verrons cela plus tard. Pour le moment, finissons les canons.

On travaillait sans arrêt à l'usine, et ce soir-là, Monsieur Père, qui n'avait pas pris le temps de dîner, a eu une bonne surprise. Son Tistou était venu à l'usine et passait lentement entre les grands canons et les *caisses* d'*armes*.

»Voilà un bon petit garçon, qui reconnaît vite ses erreurs,« a pensé Monsieur Père.

une caisse, une arme, voir illustration page 38

une arme

une caisse

Chapitre 13

Le directeur de 'L'Eclair de Mirepoil', journal bien connu, était très *ennuyé*. Il devait annoncer aux habitants de Mirepoil que la guerre entre les Vazys et les Vatens n'avait pas eu lieu, et que c'était à cause de la qualité des armes 5 envoyées par l'usine de Mirepoil.

Des plantes poussaient partout: dans les caisses d'armes, dans les moteurs des camions et sur les *chars*. Et les canons, ils avaient tiré des fleurs. 10

On ne prend pas un pays avec des roses. Entre les Vazys et les Vatens, la *paix* a été *conclue*.

ennuyé, qui a des problèmes
un char, voir illustration page 40
la paix, le contraire de la guerre
conclure, ici: faire

un char

Chapitre 14

Dans la Maison-qui-brille, les choses n'allaient pas comme d'habitude.

Madame Mère prenait son café au lait dans la salle à manger, ou plutôt son café au lait était devant elle, et elle n'y touchait pas. 5

Monsieur Père n'était pas allé au bureau. Il se trouvait dans le grand salon, avec Monsieur Trounadisse. Leur conversation faisait beaucoup de bruit.

– Sabotage... Attentat pacifiste... a crié 10 Monsieur Trounadisse.

– Ah! mes canons, mes beaux canons, a dit Monsieur Père.

Tistou n'osait pas entrer.

»Voilà comme elles sont, ces grandes per- 15 sonnes, se disait-il. Monsieur Trounadisse me disait que tout le monde était contre la guerre, mais qu'on ne pouvait rien y faire. J'arrive à empêcher une guerre et ils *se fâchent*.«

Monsieur Père a crié, hors de lui: 20

– Ah! si je tenais le malheureux qui est allé semer des fleurs dans mes canons!

– Ah! oui, si je le tenais, moi aussi! répondait Monsieur Trounadisse.

---

y, ici: à lui; à cela
se fâcher, s'irriter; ne pas être content

Tistou, vous le savez, était un garçon *coura-geux*. Il a ouvert la porte et est allé au centre du salon.

— C'est moi qui ai semé les fleurs dans les
5 canons, a-t-il dit.

Et puis il a fermé les yeux, attendant la gifle. Mais la gifle n'arrivait pas.

Quand il a rouvert les yeux, Monsieur Père était dans un coin du salon, et Monsieur Trou-

| *courageux*, qui a du courage

nadisse dans un autre. Ils regardaient Tistou, mais n'avaient pas l'air de le voir.

»Ils ne me croient pas«, a pensé Tistou.

– Les volubilis dans la zone, c'est moi! La prison, c'est moi! 5

Monsieur Père et Monsieur Trounadisse ne disaient toujours rien. Alors, Tistou est allé devant le portrait de Monsieur Grand-Père. Sur le canon qui se trouvait à côté de lui, Tis-

un muguet

un tapis

tou a posé les deux pouces.

Après quelques secondes, on a vu un *muguet* sortir du canon.

– Et voilà! a dit Tistou. J'ai les pouces verts.

5 Monsieur Père s'est laissé tomber dans un fauteuil, le visage tout rouge, et Monsieur Trounadisse, *pâle* comme une pomme de terre, s'est assis sur le *tapis*.

Chapitre 15

Il a fallu à Monsieur Père une grande semaine
10 pour réfléchir à la situation.

Enfin il a dit:

– Nous allons transformer l'usine de canons en usine de fleurs.

On s'est tout de suite mis au travail. Le suc-
15 cès a été énorme.

Tistou est devenu un enfant *célèbre*, non seulement à Mirepoil, mais dans le monde entier.

---

un muguet, un tapis, voir illustration page 43
pâle, blanc; sans couleur
célèbre, très connu

QUESTIONS

1. Qu'est-ce que Maurice Druon dit des grandes personnes?

   Qu'est-ce qu'il dit de la vie de Tistou?

2. Que savez-vous de Tistou?

3. Pourquoi la ville de Mirepoil est-elle connue?

4. Comment Tistou apprend-il à lire et à calculer?

   A l'âge de huit ans, Tistou va à l'école de Mirepoil, mais avec quel résultat?

5. Quel est le nouveau système que le père de Tistou va essayer?

6. Qui est monsieur Moustache?

   Qu'est-ce qui montre que Tistou a les pouces verts?

   A quoi cela sert, les pouces verts?

7. Qui est monsieur Trounadisse?

   Qu'est-ce que monsieur Trounadisse et Tistou entendent par le mot »ordre«?

   Qu'est-ce que Tistou pense de la prison?

8. Pourquoi Tistou sort-il cette nuit?

   Monsieur Moustache est-il content du travail de Tistou?

9. Comment les prisonniers vivent-ils maintenant?

   A qui Tistou a-t-il l'habitude de parler?

10. Pourquoi monsieur Trounadisse écrit-il que Tistou n'a pas le sens des réalités?

    Comment les habitants de la zone des taudis vivent-ils après la visite de Tistou?

11. Pourquoi monsieur Moustache est-il contre la guerre?

12. Qui est-ce qui fait la guerre? et pourquoi?

   Pourquoi monsieur Trounadisse gifle-t-il Tistou?

   Qu'est-ce que Tistou fait ce soir-là?

13. Quel est le problème du directeur de 'L'Eclair de Mirepoil'?

14. Pourquoi monsieur Trounadisse et le père de Tistou sont-ils fâchés?

   Qu'est-ce que Tistou fait pour montrer que c'est lui qui a semé des fleurs dans les canons?

   Quelle est la réaction des deux hommes?

15. Comment se termine l'histoire?

1. Combinez les parties de phrase:

   1. Un prisonnier est   A. au travail.
   2. Les fleurs   B. peut détruire un grand jardin.
   3. Il pensait   C. empêchent le mal de passer.
   4. Une petite guerre   D. dans la rue.
   5. Les grandes personnes ont   E. un homme méchant.
   6. On s'est mis   F. des idées toutes faites.
   7. Il apprendra les choses   G. aux pauvres prisonniers.
   8. Il est descendu   H. en regardant.

1	2	3	4	5	6	7	8

2. Donnez le contraire des mots suivants: (Les chiffres indiquent les chapitres où vous pouvez trouver les mots à employer.)

4: savoir:

4: possible:

5: tranquillité:

6: rapide:

6: commencer:

6: montrer:

7: sale:

10: beauté:

3. Trouvez les bons mots!
(Les chiffres indiquent les chapitres où les
mots ont été employés.)
1: Ce malheureux garçon a ... beaucoup
de malheurs.
2: La jeune fille veut changer sa nouvelle robe parce qu'elle n'est pas à sa ...
6: Le garçon prend son ... à lait, son père
prend un ... dans le petit café.
7: Un homme était en train de ... des
graines sur le champ.
8: Les ... sont toujours difficiles.
10: Il ... toujours son frère au tennis.
12: L'or noir, c'est le ...
14: Si tu continues à crier, je vais me ...

4. Apprenez les répliques de Tistou et de Monsieur Trounadisse du chapitre 7 et jouez la situation devant la classe!

5. Décrivez les personnages suivants:
   Monsieur Père
   Madame Mère
   Monsieur Moustache
   Monsieur Trounadisse
   Tistou

6. Faites une description écrite de la première journée que Tistou passe à l'école de Mirepoil!

7. Expliquez les pensées de Tistou sur
   – la prison et les prisonniers
   – la guerre.

8. Donnez quelques exemples d'«idées toutes faites»!

9. Quel est le »travail particulier« que Tistou doit faire sur la terre?

NOTES